AF321525

TABLE ANALYTIQUE.

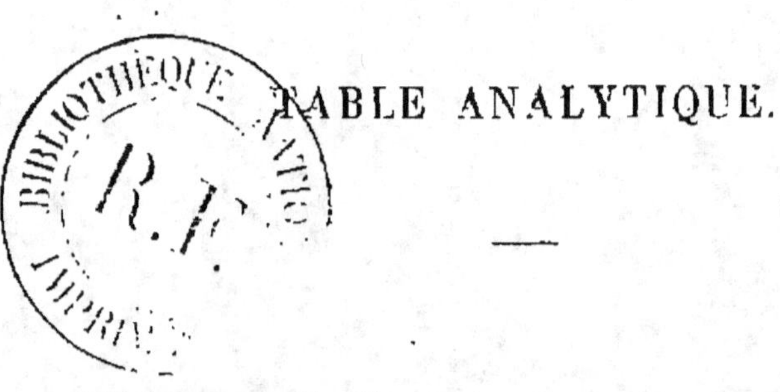

—

1

LES SCIENCES

HISTORIQUES ET GÉOGRAPHIQUES

ENVISAGÉES DANS LEUR MOUVEMENT ACTUEL

CHEZ LES DIFFÉRENTS PEUPLES DE L'EUROPE.

ESQUISSE.

I.

Il n'est pas inutile de ramener de temps à autre
nos regards sur l'ensemble du mouvement des sciences historiques en Europe, principalement au point
de vue des études ethnologiques et de la géographie, afin d'embrasser parfois d'un même coup
d'œil ce magnifique spectacle de l'activité humaine
incessamment appliquée à étendre ou à perfectionner la connaissance que les nations savantes ont
acquise de la surface du globe terrestre et des races
d'hommes qui l'habitent. Et nous n'entendons pas
seulement parler des grandes entreprises et des
voyages d'exploration dans les mers les moins fré-

quentées ou dans les contrées peu connues ; mais aussi des travaux d'érudition dont les découvertes des voyageurs sont fréquemment le point de départ, — de ces travaux qui ont pour objet de porter la lumière sur quelque coin obscur du globe terrestre, ou de restituer quelques pages effacées des annales du genre humain. Ce vaste sujet, pour être traité d'une manière complète et tout à fait digne de son importance, exigerait beaucoup plus que notre insuffisance ne lui peut donner : nous tâcherons seulement d'en saisir et d'en caractériser l'ensemble, d'en signaler la connexion et les rapports, et d'en faire apprécier au moins les traits les plus saillants.

II.

Quand on embrasse par la pensée le grand nombre de voyages, de reconnaissances et d'explorations qui chaque jour ont lieu simultanément dans toutes les contrées du monde, il est un peuple qui se montre au premier rang entre tous les autres par son esprit d'aventure et d'entreprise, par sa persévérance que rien ne lasse, par l'universalité de ses poursuites et de ses tentatives. Ce peuple voyageur par excellence, il n'est pas un lecteur qui ne l'ait déjà nommé : ce sont les Anglais. D'autres bornent leurs explorations à leur propre sol, ou ne dépassent pas certaines régions particulières qui se rattachent à des intérêts immédiats de politique ou de commerce : l'Anglais ne s'est pas même arrêté, dans ses courses exploratrices, aux limites du monde habitable. Il n'est pas, d'un pôle à l'autre, une mer que ses marins ne sillonnent ; il n'est pas une seule contrée dans les deux hémisphères que ses voyageurs ne visitent et n'étudient. En ceci d'ailleurs, l'Angleterre ne fait que continuer le rôle qui a appartenu de tout temps aux grandes nations maritimes. Elle fait ce que firent dans l'antiquité Tyr et Carthage ; dans les siècles du moyen âge, les Arabes du khalifat et les républiques italiennes ; dans les premiers temps de la période moderne, le Portugal, l'Espagne et la Hollande. Si nous ne nommons pas la France parmi ces peuples précurseurs de l'Angleterre dans la carrière des découvertes géographiques, c'est qu'elle y est restée son émule, même après avoir cessé d'y être son égale. D'émule ou de rivale dans cette carrière immense de l'exploration du monde, l'Angleterre en compte encore ; d'égale, elle n'en reconnaît plus. Comme elle a saisi le sceptre du commerce universel, elle en est venue à regarder l'univers comme son domaine ; et c'est en cela qu'elle efface les puissances commerçantes qui l'ont précédée. Toutes, même les plus grandes, s'étaient attribué dans le monde une certaine part de domination politique et d'exploitation commerciale, vers laquelle leur activité extérieure refluait tout entière : pour l'Espagne, c'était surtout le sud de l'Amérique ; pour le Portugal, après la chute de son empire de l'Inde, c'était le Brésil ; pour la Hollande, les îles asiatiques. L'Angleterre a comme

elles ses possessions propres dans les deux hémisphères ; mais elle a de plus qu'elles le monopole
d'un commerce sans limites. Chez elle l'expansion
colonisatrice et commerciale a pris des proportions
jusqu'alors inconnues, sous l'immense pression intérieure de ses forces productrices. L'Angleterre est
arrivée à ce point que son soufle et sa vie sont concentrés dans ses machines. Elle ne vit plus qu'à la
condition de toujours produire, de produire sans
repos ni trêve ; aussi ne lui est-ce pas trop, pour écouler cette production gigantesque, d'avoir le marché
du monde entier. Un pareil peuple devait être un
peuple explorateur. Visiter les contrées étrangères
pour en étudier les besoins et les ressources y est devenu, on le comprend, un besoin national. Ajoutons,
à l'honneur de l'Angleterre, que cette activité prodigieuse dont la nécessité des choses lui fait une loi,
tourne, en définitive, au profit de la civilisation générale. En établissant avec tous les peuples du dehors des rapports de politique et de commerce, elle
jette en même temps parmi eux quelques-unes de ses
idées sociales, qui sont les idées de la communauté
européenne, c'est-à-dire de la famille la plus avancée de l'humanité. C'est ainsi qu'autrefois les marchands de Tyr, « ces princes honorés de la terre, »
selon l'expression du Prophète, portèrent au milieu
des tribus barbares du monde occidental, parmi les
peuples de l'Ibérie et de la Gaule, qui sont nos ancêtres, le premier bienfait de la civilisation. A cet
égard, et aussi sous d'autres rapports, le rôle des

Phéniciens est celui qui dans le passé se rapproche
le plus du rôle actuel de l'Angleterre. Mais ici encore il est un point important par lequel la Tyr moderne surpasse de beaucoup la reine antique de la
Méditerranée, et même quelques-uns des peuples
européens qui ont exercé avant elle une grande pré-
pondérance commerciale ; c'est son esprit vraiment
libéral de large publicité. Il n'est pas une de ses
découvertes, pas une de ses conquêtes scientifiques,
qui n'entre aussitôt dans le domaine du monde civi-
lisé. Chaque jour les presses de Londres enfantent
quelque relation où les voyageurs et les navigateurs
anglais déposent sans réticence les résultats de leurs
lointaines explorations. Quelles que soient les destinées que l'avenir lui réserve, l'Angleterre aura largement payé sa dette à la science et à la civilisation.

Lorsqu'on parle de l'Angleterre et de son déve-
loppement extérieur, c'est l'Inde qui tout d'abord
s'offre à la pensée, — l'Inde, ce précieux diamant de
sa couronne coloniale. Ce que l'Angleterre a publié
sur l'Inde depuis un demi-siècle formerait seul une
riche bibliothèque. C'est là que s'est déployé le plus
complétement, sous toutes ses faces bonnes et mau-
vaises, le système qui préside à sa politique du dehors. Quoi qu'aient pu dire contre les propensions
envahissantes de cette politique les creux déclama-
teurs de l'école de Raynal, il est certain que la masse
des populations hindoues a gagné, et beaucoup, à
l'extension de la puissance britannique sur les bords

du Gange. Mais ce qu'y a gagné la science est surtout incalculable. On peut dire avec vérité, si nombreux que fussent déjà les livres publiés sur cette grande contrée depuis le commencement du xvi⁰ siècle, que la péninsule hindoue, et ses populations, et ses antiquités si importantes pour l'histoire générale, ne nous sont réellement connues que depuis la possession anglaise. La carte chorographique, au levé de laquelle les ingénieurs de la Compagnie des Indes auront employé bientôt un demi-siècle, et qui est depuis longtemps en cours de publication, cette carte est à elle seule un magnifique monument, qui n'aurait rien à envier aux plus beaux ouvrages de ce genre que possède l'Europe, si l'étude et le modelé du terrain y étaient au niveau de la richesse des détails de nomenclature, et surtout si une meilleure orthographe y eût mieux conservé la véritable forme des noms indigènes. La Société Asiatique de Calcutta, fondée en 1784 par les soins du célèbre William Jones, a cessé de publier ses Mémoires connus sous le titre de Recherches Asiatiques (*Asiatic Researches*), et dont il a paru vingt volumes ; mais depuis 1832 cette publication est suppléée par celle d'un journal mensuel (*Journal of Asiatic Society of Bengal*). Le Journal Asiatique de Calcutta, quoiqu'il ait immensément perdu, il y a quelques années, par la mort du D⁰ James Prinsep, qui en dirigeait la rédaction, renferme encore assez fréquemment des mémoires et des documents d'un grand intérêt pour la géographie, l'histoire, les an-

tiquités et l'étude des langues de la péninsule.
Outre la Société mère de Calcutta, il s'est formé
dans les deux autres capitales des présidences de
l'Inde, à Madras et à Bombay, d'autres sociétés spé-
cialement consacrées soit à l'étude de la géographie
hindoue, soit à des travaux littéraires ou linguistiques; et ces diverses sociétés publient de leur côté
des journaux ou des transactions non moins riches
que le recueil de Calcutta en matériaux précieux
pour la connaissance de l'Inde. L'attention s'est surtout dirigée d'une manière toute spéciale, depuis
quelques années, vers les études qui se rapportent
aux populations primordiales de l'Hindoustan, et
déjà ces études ont conduit à de très-heureux résultats. On soupçonnait depuis longtemps que la
population de la péninsule n'était pas homogène,
et déjà même cette distinction de races de différente origine y avait été constatée dans de certaines
limites; mais dans ces derniers temps cette nature
de recherches a pris un caractère beaucoup plus
précis, les investigations ont été plus profondes et
plus étendues, et on a pu ainsi établir d'une manière certaine et bien déterminée ce qui jusqu'alors
avait été plutôt pressenti que démontré. M. *H.
Hogdson* a publié sur ce sujet à Calcutta des travaux
d'un très-haut intérêt (**1**); et d'autres observateurs,

(1) *On the Aborigines of India. Essay the first.* Calcutta, 1848,
in-8. Les dernières années du *Journal of Asiatic Society of Bengal* renferment en outre de nombreux mémoires de M Hogdson
sur le même sujet.

qui ont envisagé la même question sous le double point de vue qu'elle comporte, le point de vue de la conformation physique et le point de vue linguistique, ont contribué à y jeter de vives lumières. Nous nous bornerons à mentionner ici à côté de M. Hogdson un morceau curieux, mais trop concis, de M. le major-général *Briggs* sur les tribus montagnardes de l'Inde centrale, travail lu dans une des dernières réunions de l'Association Britannique pour l'Avancement de la Science, et qui vient d'être publié (1). Pour faire comprendre de quel intérêt sont pour l'histoire les résultats de ces recherches, il nous suffit de rappeler les travaux analogues de MM. Augustin et Amédée Thierry sur la superposition des races dans la Gaule et dans la Grande-Bretagne, et les considérations vitales qu'ils en ont déduites. De même que chez nous les tribus Frankes se sont superposées à la race Gauloise, et en Angleterre les Normands de Guillaume à la race Saxonne, comme auparavant les Saxons à la race des Bretons indigènes; de même qu'en Russie les Varèghes-Russes, et en Hongrie les Finnois-Madjars, se sont superposés aux Slaves et les ont absorbés en partie, il y a eu également dans l'Inde, à une époque très-ancienne, 1800 ans au moins avant notre ère, invasion et conquête d'une race étrangère, refoulement ou absorption partielle d'une race antérieure. La

(1) *On the Aboriginal Tribes of India.* By Major-General *John Briggs*, F. R. S. — Dans l'*Edinburgh New Philosoph. Journal*, n° 10², octobre 1851, p. 331-344.

race conquérante, sortie, selon toute apparence,
des contrées qui ont depuis formé la Perse orientale et la Boukhârie, ce sont les Hindous proprement dits, dont la langue maternelle était le sanskrit,
frère d'origine du persan, du grec, de l'allemand,
et de toutes les langues européennes moins le finnois et le basque ; la race conquise ou refoulée dans
les parties les plus montagneuses et dans les immenses forêts de la péninsule hindoue, ce sont
précisément ces tribus à demi sauvages de l'intérieur de l'Inde, du bassin de l'Indus et de la
région himalaienne, que les observateurs européens s'attachent maintenant à étudier dans leurs
mœurs, dans leurs usages, dans leurs croyances,
dans leurs traits physiques et dans leurs idiomes;
ce sont aussi les populations plus régulièrement
organisées qui occupent, sous les noms de Tamouls, de Cingalais, de Télinga et de Karnates,
toute la partie méridionale de la presqu'île, c'est-à-
dire le Dékhan avec l'île de Ceylan, et qui ont conservé intact le fond de leur idiome primitif, quoiqu'à la surface ils se soient partiellement empreints
du cachet hindou. Or, l'étude très-approfondie que
l'on a fait dans ces derniers temps, et qui se pour-
suit chaque jour encore, de ces populations non
sanskrites de l'Inde, a constaté deux faits capitaux
d'une immense portée pour l'étude historique des
temps anciens. On a reconnu, premièrement, que
tous ces peuples de l'Inde méridionale, quoique
distingués par les noms différents de Tamouls, de

Telinga et de Karnates ; que toutes les tribus barbares qui habitent les montagnes de la région centrale, ainsi que les hautes vallées qui descendent
de l'Himalaïa vers les plaines du Gange ; que toutes
les populations, en un mot, dont le sanskrit ou ses
dérivés n'est pas la langue maternelle, n'ont toutes
parlé originairement qu'un seul et même idiome, ou
du moins que des idiomes congénères et rapprochés ;
et en second lieu, on a constaté d'une manière certaine, tant par l'analyse comparée des langues que
par l'analogie des traits physiques, que la population aborigène de l'Inde antérieure à l'établissement
des Hindous se rattachait à cette immense famille de
peuples que l'on désigne sous le nom de race Mon-
gole, et qui a pour siége principal les hautes régions
de l'Asie centrale. Un explorateur éminent, le major Rawlinson, a même cru entrevoir un fait ana-
logue dans le déchiffrement des inscriptions cunéiformes de l'ancienne Médie : c'est qu'une grande
partie de la Perse actuelle aurait été originairement
habitée par des populations tartares, — ce mot est
synonyme de Mongol, — avant que les Irâniens,
peuple frère des Hindous de langue sanskrite et
père des Médo-Persans, fussent descendus de la
région de l'Oxus vers l'Euphrate inférieur et le
golfe Persique (1). Il y aurait là à examiner une
question très-obscure sur laquelle il a été publié depuis quelques années d'intéressants matériaux ; mais
je ne puis que la signaler en passant.

(1) *Athenæum*, n° 1191, 24 août 1850, p 908.

Dans le même temps que ces importantes études se poursuivaient dans l'Inde, l'Allemagne a vu paraître les premières parties d'un ouvrage non achevé encore, qui doit occuper une place élevée parmi les travaux actuels de l'érudition orientale. Ce sont les Antiquités de l'Inde du professeur *Christian Lassen*, de Bonn (1). M. Lassen ne s'est pas seulement placé depuis longtemps au premier rang des orientalistes européens : c'est de plus un de ces esprits solides pour lesquels la connaissance des langues n'est qu'un puissant instrument d'investigation historique. Son livre est digne de tout point de la réputation et du savoir de l'auteur. L'objet que s'y est proposé M. Lassen a été d'exposer d'une manière complète et méthodique ce que les sources hindoues renferment de notions positives sur l'histoire, la géographie et l'organisation sociale de l'Inde ancienne, depuis les temps les plus reculés jusqu'à l'époque des invasions musulmanes, c'est-à-dire jusque vers le x⁰ siècle de notre ère. C'était une tâche longue et difficile. On sait que les peuples sanskrits de l'Hindoustan n'ont pas d'histoire proprement dite, et que chez eux les souvenirs du temps passé se sont principalement conservés dans de vastes compositions épiques d'une époque reculée, qui sont pour eux, mais dans des proportions beaucoup plus amples, ce qu'étaient les poëmes d'Homère pour les anciens Grecs. Seulement les Hindous n'ont jamais

(1) *Indische Alterthumskunde* Bonn, 1817, t. I; 1849, t. II, 1ʳᵉ partie, in-8.

eu ni leur Hérodote ni leur Thucydide. Dégager de
ces poëmes immenses, qui ont des épisodes plus
étendus que l'Iliade, ce qu'on y peut discerner d'é-
léments historiques ; restituer à chaque personnage,
à chaque indication, à chaque fait, son caractère
vrai et sa forme primitive, autant du moins que le
permettent nos moyens d'appréciation critique ;
distribuer les personnages et les événements dans
un ordre qui se rapproche autant que possible des
habitudes de notre esprit et de nos méthodes chro-
nologiques : voilà ce qu'a entrepris M. Lassen, et
ce que personne n'avait fait avant lui, au moins
sur une aussi grande échelle. Une pareille restitution laissera sans doute encore bien des lacunes
et bien des incertitudes dans les fastes primitifs
de la race hindoue ; ce n'en est pas moins un très-
grand service rendu aux études historiques, que
d'avoir montré nettement dans quelle limite les livres brahmaniques pourront combler l'immense lacune que l'absence d'une histoire positive de l'Inde
ancienne laisse dans les annales de l'ancienne Asie.
On pense bien que le savant auteur n'a négligé aucun des secours accessoires que lui offraient les documents classiques à partir de l'expédition d'A-
lexandre, non plus que les riches documents de la
littérature bouddhique de Ceylan et du Népâl, et
les innombrables inscriptions en vieux caractères
sanskrits répandues dans tout le centre et le nord
de l'Inde : nous dirons, et cela comprend tout,
que son ouvrage est à la fois un répertoire et un

résumé complet de ce que la science a pu réunir jusqu'à présent de notions plus ou moins positives sur les vingt-cinq premiers siècles de l'histoire de la Péninsule. Ajoutons néanmoins que M. Lassen n'a fait ni voulu faire œuvre d'historien, mais seulement œuvre d'érudit. Son livre ne raconte pas; il expose et discute. Les historiens futurs trouveront là une base précieuse et une excellente élaboration, à laquelle il ne leur restera qu'à donner la forme, la couleur et la vie.

J'ai nommé les documents de la littérature bouddhique de l'Inde; ces documents ont cela de particulièrement précieux, que pour la première fois ils y marquent dans la série des temps une époque chronologiquement déterminée. Avant l'ère du Bouddha Çakya Mouni (au milieu du vi° siècle avant J.-C.), les traditions historiques de l'Inde ancienne, conservées dans les deux grands poëmes et dans les compilations pouraniques, n'ont aucun point fixe qui permette de les rattacher à une date tant soit peu certaine : le temps de la prédication et de la mort de Bouddha fournit au contraire une date aujourd'hui bien établie par rapport à l'ère chrétienne, et qui devient un point de départ d'une inappréciable valeur, tant pour remonter dans l'obscurité des généalogies héroïques, que pour descendre vers des temps plus rapprochés de nous. Cette ère bouddhique n'est pas d'un moins grand secours pour se rendre compte de l'état géographique de l'Inde dans les temps anciens, que

pour restituer les annales mutilées des dynasties.
On comprend donc de quelle extrême importance
est l'étude approfondie de cette grande époque
dans les sources originales qui nous en sont par-
venues. Commencée dans l'Inde il y a une quinzaine
d'années sur les seuls livres bouddhiques de Ceylan,
cette étude a été reprise chez nous avec de nouveaux
secours par M. Eugène Burnouf, l'homme d'Europe le mieux préparé, sans contredit, à remplir
dignement une pareille tâche. M. Burnouf a mis
au jour, il y a quatre ans, la première partie de
son *Introduction à l'histoire du Bouddhisme in-
dien* (1), œuvre capitale où se retrouvent, avec la
vaste erudition qui a porté si haut le nom de
l'illustre académicien, les qualités d'esprit plus
rares encore et plus précieuses qui dirigent et
fécondent le savoir. Ce grand travail et celui de
M Lassen feront époque dans l'histoire des études
indiennes.

Plusieurs publications considérables achevées
depuis dix ans ou qui se poursuivent encore, ont
grandement contribué d'ailleurs à étendre et à
rectifier nos idées sur les antiquités historiques de
l'Inde. Les compositions qui chez les Hindous se
rapprochent le plus de nos vieilles chroniques,
sinon par la forme, où dominent la tradition cos-
mogonique et la légende religieuse, au moins par
leur objet qui est de consigner le souvenir des

____

(1) Paris, 1844, in-4. (tom I).

choses anciennes, ce sont les *Pouranas* (1). Nous ne connaissions ces volumineux recueils, il y a peu d'années encore, que par de courtes analyses ou des extraits peu exacts ; aujourd'hui l'Europe en possède deux des plus importants, le *Bhâgavata Pourâna*, traduit en français par M. Eugène Burnouf (2), et le *Vichnou Pourâna*, dont le traducteur anglais, M. H. Wilson, a fait en quelque sorte une encyclopédie d'antiquités hindoues, par les notes abondantes et les précieuses additions qu'il y a jointes (3) M. Gaspare Gorresio, un des élèves les plus distingués de M. Burnouf, a commencé il y a huit ans la publication complète du Râmàyana, texte et traduction (italienne) ; on a aujourd'hui de cette belle édition le texte complet en cinq volumes, et deux volumes de la traduction qui comprennent les trois premiers livres du poëme (lequel en a sept) (4). Ce n'est pas au point de vue

(1) Le titre même de ces ouvrages en indique le caractere. Pourâna signifie *antique*.

(2) *Le Bhâgavata Purana, ou Histoire poétique de Krichna.* Paris, I. R 1840-47, grand in-4 (de la *Collection Orientale*). Il n'a paru jusqu'à présent que les tomes 1 a 3. La préface que l'auteur a mise en tête du 3ᵉ volume est un admirable morceau d'analyse et de critique.

(3) *The Vishnu Purana, a System of Hindu Myth logy and Tradition, translated from the original sanscrit, and illustrated by Notes derived chiefly from other Puranas, by H. H. Wilson* London, 1840. grand in-4.

(4) *Ramayana, Poema sanscrito di Valmici. Traduzione italiana, con Note dal testo della Scuola Gaudana.* Parigi, 1847 51 (tome 1 et 2 de la traduction).

de la beauté poétique que nous avons à apprécier ici cette riche composition, mais seulement pour les notions qu'elle fournit sur l'état social et politique, et sur la géographie de l'Hindoustan, à une époque qui remonte probablement à plus de 1200 ans avant notre ère. A cet égard on peut rapprocher le *Râmâyana* de l'Odyssée d'Homère, de même que la seconde Épopée hindoue, le *Mahâbhârata*, présente dans sa donnée générale quelque rapport avec l'Iliade.

Du Mahâbhârata, le monde savant attend toujours une traduction complète qui lui était annoncée il y a cinq ans et plus, et que les tristes circonstances de 1848 ont reculée peut-être pour longtemps. La partie la plus étendue que nous en possédions est le *Harivansa*, qui en forme un appendice plutôt qu'un épisode, et dont la traduction française, due à la plume habile de M. Langlois, remonte à dix-sept ans (1). Si j'ai rappelé cette publication, c'est que le Harivansa est d'une importance toute particulière pour l'étude historique et géographique de l'Inde ancienne, et que la place qu'il y occupe, au-dessous des deux grandes Épopées et à côté des Pourânas, est entièrement distincte.

On pourrait étendre encore cette nomenclature déjà si considérable des monuments de l'ancienne

____

(1) *Harivansa, ou Histoire de la famille de Hari, traduit sur l'original sanscrit.* Paris, 1834, 2 vol grand in-4 (imprimé aux frais du Comité de Londrs pour le traductions orientales). ·

littérature brahmanique qui se publient aujour-
d'hui dans les diverses langues de l'Europe, avec
un zèle et une activité qui chaque jour s'accrois-
sent, loin de se ralentir : ceux que je viens de
rappeler suffisent pour montrer quelle place prédo-
minante ces publications originales, et les travaux
qui s'y rattachent, occupent actuellement dans le
grand ensemble de nos études asiatiques. L'Inde y
tient aujourd'hui le rang qu'y ont eu tour à tour
les études sémitiques et musulmanes. Il y a là une
mine longtemps ignorée ou méconnue dont l'ines-
timable richesse se révèle de plus en plus à mesure
qu'on y pénètre plus avant, et qui occupera certai-
nement, avant qu'on ne l'épuise, les veillées savantes de plusieurs générations d'indianistes. On
a nié longtemps l'Inde et son passé; aujourd'hui
nous entrevoyons le moment où il sera possible
d'en restituer au moins les pages essentielles.

Il en est une qu'on pouvait regretter dès à présent de ne trouver qu'à peine indiquée dans le
grand ouvrage de M. Lassen : c'est celle qui se
rapporte à ce qu'on peut nommer la période
védique, antérieure à la période *héroïque* à laquelle appartiennent les deux grandes Épopées. Les
Védas, au nombre de quatre, sont, on le sait, des livres purement liturgiques, c'est-à-dire des recueils
d'hymnes, de prières et de formules, que tous ceux
qui de nos jours ont fait une étude approfondie du
sanskrit s'accordent à regarder comme les plus anciens monuments de la langue des Brahmes Les for-

mes archaïques dont elle y est enveloppée en rendent au surplus l'approche fort difficile, même pour les meilleurs indianistes; et de plus c'était une opinion consacrée, sur la foi du seul savant qui jusqu'à présent eût fait de ces livres l'objet d'une etude spéciale (1), que les Védas ne renfermaient aucune donnée historique. Cette assertion a été pleinement réfutée dans ces derniers temps par plusieurs orientalistes qui ont repris à fond l'étude de Colebrooke sur la littérature védique, notamment par M. Max Muller en Angleterre (2), M. Rudolph Roth (3) et Albrecht Weber en Allemagne (4), et en France M. Felix Nève, qui s'est inspiré des lumineux aperçus présentés dans quelques-uns de ses cours par l'illustre professeur de notre chaire sanscrite au Collége de France (5). Tous ces savants ont bien fait

(1) Colebrooke, *on the Vedas*, dans le t. VIII des *Asiatic Researches* 1805

(2) Dans un memoire lu a la reunion de 1847 de l'Association Britannique pour l'Avancement de la Science, et publié dans le 17ᵉ *Report* de l'Association, sous le titre de *Relation of the Bengali to the Arian and Aboriginal Languages of India*, London, 1848, in-8°, p. 327, sqq M. Max Muller doit reprendre et developper ses vues sur les antiquités védiques, dans une introduction spéciale au Rig-Veda dont il publie maintenant le texte a Londres

(3) *Zur Litteratur und Geschichte des Weda* Stuttgart, 1846, in-8. Essai plein d une rare sagacite. Il y a plusieurs autres morceaux de M Roth sur l'époque et la littérature védiques dans le Journal de la Société Orientale d'Allemagne

(4) *Indische Studien.* Berlin, 1849-51, t. 1 et 2, passim.

(5) *Etudes sur les hymnes du Rig-Véda*, par F. Neve Paris,

voir que les Védas, notamment le premier et le plus précieux de ces livres vénérables (le Rig-Véda, qui est un recueil d'hymnes en vers dans leur forme la plus ancienne), fournissent au contraire de nombreuses indications fort antérieures aux grandes Épopées, et que l'on y suit en quelque sorte pas à pas les premiers progrès de la race brahmanique dans les plaines du nord-ouest de l'Inde, avant son établissement définitif sur les bords du Gange. Nous devons dire aussi que jusqu'à ces derniers temps les Védas n'étaient connus que d'une manière très-imparfaite même de ceux qui faisaient du sanskrit une étude particulière; bientôt ils seront complétement entrés dans la circulation scientifique. Non-seulement M. *Max Muller* que j'ai nommé tout à l'heure, fait imprimer en ce moment à Londres le texte du Rig-Véda, sous le patronage et aux frais de la Compagnie des-Indes; mais une version complète vient d'en être publiée par le savant traducteur du *Harivansa* (1), en même temps qu'il s'en publie à Londres une version anglaise de M. *Wilson*, dont il n'a paru encore qu'un volume contenant seulement le 1er livre (2), et qu'en Allemagne les second et troisième Védas ont trouvé de zélés éditeurs, texte et traduction, dans MM. *A. Weber* et *Theodor Benfey.*

1842, in 8.—Du même, *Essai sur les Mythes des Ribhavas, premier vestige de l'apothéose dans le Véda.* Paris, 1847, in-8.

(1) *Rig Véda,* ou *Livre des Hymnes, traduit du sanscrit,* par M. Langlois Paris, 1849-51, 4 vol. in-8

(2) *Rig Veda Sanhita, translated from the original sanskrit by* H. H. Wilson. London, 1850, in-8 (Vol. I)

L'Inde nous touche par tant de points, que tout ce qui tend à nous la faire mieux connaître, dans son passé comme dans le présent, est pour nous d'un intérêt tout particulier. Les invasions des Arabes musulmans à l'orient de l'Indus depuis le viie siècle de notre ère, mais principalement dans les ixe et xe siècles, forment dans son histoire une époque très-considérable; c'est seulement à partir de ce temps que les écrivains arabes et persans fournissent sur quelques parties au moins de la péninsule des renseignements suivis et detaillés, qui suppléent heureusement à ce que les documents indigènes peuvent avoir d'insuffisant. M. *Reinaud*, de l'Institut, a fait de cette période musulmane, intermédiaire entre les temps anciens et l'arrivée des Européens dans l'Inde à la fin du xve siècle, l'objet d'un travail important où il a réuni tout ce que les historiens musulmans des premiers siècles du khalifat renferment de notions sur l'histoire et la géographie de l'Hindoustan à cette époque (1). M. Reinaud avait préludé à ce grand mémoire par un intéressant volume qui contenait une partie de ses études préliminaires (2). On doit encore au même savant d'autres travaux fort remarquables sur l'Asie musulmane. L'introduction qui accompagne la première partie de sa traduction du géographe arabe Abou'lféda (1849) est surtout un

(1) *Mémoire géographique, historique et scientifique sur l'Inde.* Paris, 1849, in-4.

(2) *Fragments arabes et persans inedits relatifs à l'Inde.* Paris, 1845, in-8.

morceau capital pour l'histoire géographique de l'A-
sie depuis le temps des Romains jusqu'à la renais-
sance européenne. N'oublions pas de signaler encore les publications importantes que M. *Stanislas
Julien*, de l'Académie des Inscriptions, prépare sur
la relation d'un célèbre voyageur chinois dans l'Inde
vers le milieu du vi⁰ siècle de notre ère, relation
dont il a donné récemment un intéressant spéci-
men (1) : c'est une veine à peine touchée jusqu'à
présent (2), et d'où sortiront aussi de précieux documents pour la restitution de l'Inde bouddhique.

Ces travaux — je ne rappelle que les plus mar-
quants — sont autant de conquêtes dont s'agrandit
le domaine de nos connaissances positives, conquête
du labeur savant sur l'incurie de peuples sans cul-
ture et sur l'action destructive du temps. Il en est
de moins pacifiques, qui ne profitent pas moins à
la science. Les deux dernières expéditions militaires
de la Compagnie des Indes contre les États voisins
de sa frontière de l'ouest, — la double campagne
de 1839 et 1842 contre les Afghans, et la guerre de
1848 contre le radjah de Lahore, — ont beaucoup
ajouté, et doivent ajouter davantage encore, a nos

(1) *Histoire de la vie d'Hiouen-thsang, et de ses voyages dans
l'Inde entre les années* 629 *et* 645 *de notre ère Traduite du chinois
par M.* Stanislas Julien. *Fragment lu a l'Académie des Inscriptions et Belles-Lettres* — Dans les *Nouvelles Annales des Voyages*,
t. II de 1851.

(2) La publication du *Foe-koue-ki*, préparée par Abel-Rémusat
et achevée par M. Landresse, en avait, il y a quinze ans, donné
une première idée.

connaissances sur des contrées jusqu'alors moins bien étudiées que ne l'ont été la plupart des autres pays de la Peninsule hindoue. Les Seïkhs, vaincus par les armes britanniques, appartiennent à une race (les Djâts) très-peu et très-mal connue jusqu'à présent, quoique fort intéressante pour l'histoire générale du centre et du sud de l'Asie (1); soumis maintenant, au moins en partie, à la domination anglaise, il ne peuvent manquer d'être l'objet d'investigations et d'études plus complètes. La délimitation de la frontière anglo-chinoise, par suite de ces nouvelles acquisitions territoriales de la Compagnie, qui la mettent sur ce point en contact immédiat avec le Tibet, lequel est soumis de fait, sinon de droit, au gouvernement de Pékin, a été l'occasion d'une expédition mi-partie politique et scientifique (1847-1848). La relation d'ensemble n'en a pas encore été publiée; mais cette mission a été néaumoins, dans un des journaux scientifiques de l'Inde (2), l'objet de communications partielles, d'un grand intérêt pour la géographie et l'histoire naturelle de la vallée du haut Indus et d'une partie de l'Himalaia occidental.

(1) L'auteur de cette Esquisse a essayé de restituer aux Djâts quelques-uns de leurs titres anciens oubliés ou méconnus par l'histoire, dans un travail lu en 1849 a l'Académie des Inscriptions et Belles-Lettres (*Les Huns Blancs ou Ephthalites des Historiens byzantins.* Paris, 1849, in-8.)

(2) *Journal of Asiatic Society of Bengal*, année 1848 Il y a plusieurs notes, lettres ou mémoires de MM. Cunningham, Thomson et Strachey, qui composaient la commission des limites.

III.

Ces événements doivent hâter inévitablement,
dans un temps plus ou moins prochain, le progrès
de nos connaissances encore si bornées sur la haute
région que nous nommons le Tibet. Éloge ou blâme,
il faut reconnaître ceci : c'est que les Anglais, lorsqu'ils ont posé le pied sur un nouveau sol, revien-
nent difficilement en arrière. Ils avanceront lente-
ment, peut-être ; mais chacun de leurs pas y sera
signalé par de bonnes et solides informations. Le
voyageur anglais est là, précurseur infatigable,
épiant chaque nouveau filon de l'exploration du
globe qui est pour lui comme une mine immense,
et toujours prêt à aller prendre possession au nom
de la science des territoires que lui désignent les
intérêts politiques et commerciaux de son pays. Ici
les Anglais ont devant eux Lah'ssa, siége d'un
gouvernement théocratique sans vigueur sur lequel
pèse le joug mal déguisé des empereurs de la Chine,
et qui peut-être ne verrait pas avec trop de déplai-
sir la présence d'étrangers puissants qui lui pourraient prêter leur appui contre une sujétion que le
peuple tibétain déteste. Deux missionnaires français, MM. *Huc* et *Gabet*, nous ont tout récemment donné d'amples détails, aussi neufs que curieux, sur l'organisation politique. religieuse et
sociale du Tibet (1). Le zèle apostolique avait seul

(1) *Souvenirs d'un voyage dans la Tartarie, le Thibet et la Chine,*

poussé nos deux compatriotes dans ces contrées
barbares, où ils ont parcouru de vastes étendues
qu'aucun Européen avant eux n'avait visitées. Ce
n'est pas seulement sur le Tibet, mais aussi sur la
Mongolie et sur le pays des Mandchous, qui confine
immédiatement au nord de la Chine, que les notes
de M. Huc et de son compagnon renferment d'a-
bondantes informations. Rompus aux usages des
populations tartares, dont ils parlent les divers
idiomes, ils avaient, pour une pareille expédition,
des facilités que n'a pas le commun des voyageurs.
Malheureusement leurs études antérieures ne les
avaient pas suffisamment préparés aux observations
scientifiques, pour lesquelles ils manquaient d'ailleurs des instruments nécessaires ; de sorte qu'au
point de vue si important de l'étude physique et
géographique des régions qu'ils ont traversées, leur
livre laisse encore beaucoup à faire aux futurs explorateurs. Au total, néanmoins, et malgré de re-
grettables lacunes peut-être inévitables dans la position des deux missionnaires, leur relation est sans
contredit une des plus précieuses que l'Europe ait
vues paraître depuis longtemps sur aucune partie
de l'Asie.

IV.

Les courses de nos intrépides Missionnaires dans
les steppes de l'Asie centrale nous rapprochent des

<hr>

pendant les années 1844, 1845 *et* 1846, *par M.* Huc, *Missionnaire
Lazariste.* Paris, 1850, 2 vol. in 8°.

limites de la Sibérie. Nous touchons ici à un monde à part dans la géographie asiatique. Cette vaste région septentrionale, et les populations qui l'habitent, ont été depuis quelques années l'objet d'explorations et de travaux très-importants. Deux expéditions surtout, entreprises l'une et l'autre sous les auspices et aux frais de l'Académie impériale des Sciences de St.-Pétersbourg, le voyage de M. *Middendorff* en 1843 et 1844, et celui de M. *Castrèn* de 1845 à 1848, ont eu notamment un grand retentissement scientifique, justifié par la nature des recherches et la richesse des résultats. Quelques parties seulement des travaux de M. Middendorff ont vu le jour jusqu'a présent, et la publication des immenses matériaux rapportés par M. Castrèn est à peine entamée; mais les uns et les autres sont connus dans leur ensemble par une série considérable de rapports adressés à l'Académie Impériale, et qui ont été imprimés dans les comptes rendus mensuels des deux classes de l'Académie. Les longues courses des deux courageux explorateurs à travers ces tristes contrées, leurs inexprimables souffrances sous un ciel rigoureux, leurs études et leurs observations au milieu des tribus sans nombre répandues depuis les bords de la mer Glaciale jusqu'au pied de l'Altaï, les tableaux, souvent saisissants d'expression et de vérité, qu'ils ont tracés sous l'inspiration immédiate de la nature et de l'homme de Sibérie, tout présente dans leurs récits un intérêt mêlé de je ne sais quelle impression mélanco-

lique, que peu de voyages sous de plus riants cli-
mats offrent au même degré. Je ne parle pas des
richesses scientifiques réunies durant ces six années
d'explorations : elles dépassent tout ce qu'on pouvait attendre même d'hommes aussi complétement
dévoués à la mission qui leur avait été confiée.
M. Middendorff a étendu ses courses, au nord jusqu'au cap le plus avancé vers le pôle que la côte si-
bérienne projette sur les ternes solitudes de l'Océan
Glacial, à l'est jusqu'au point où la frontière russe
confine à la Mandchourie sur les bords de la mer
d'Okhotsk : M. Castrèn a concentré les siennes dans
la moitié occidentale de la Sibérie, où il a succes-
sivement étudié les populations errantes qui occupent le bassin de deux grands fleuves, l'Ob et le Iéni-
seï. Les investigations de M. Middendorff ont eu
surtout pour objet l'histoire naturelle dans ses branches multiples; celles de M. Castrèn se sont principalement portées sur les matières ethnographiques,
c'est-à-dire sur l'étude des populations (principalement des tribus de race samoïède), au triple point
de vue de la langue, de la conformation physique
et de la vie sociale. Les deux relations renfermeront
d'ailleurs d'abondants matériaux pour la géographie
proprement dite des contrées parcourues.

Sous ce dernier rapport, une troisième expédition exécutée d'après les instructions spéciales de la
Société Géographique de Russie a donné des résultats peut-être encore plus importants, parce qu'ils
reposent sur une longue série d'observations posi-

tives , physiques et astronomiques : c'est celle qui a
eu pour objet, sous la conduite de M. *Hofmann*,
d'étudier complétement la partie septentrionale des
monts Ourals, sur la limite commune de la Sibérie
et de la Russie d'Europe. Cette habile et longue exploration a occupé trois campagnes, en 1847, 1848
et 1849. La carte de toute la région comprise entre
le 60° degré de latitude et la mer Glaciale en recevra
des modifications profondes et changera tout à fait
d'aspect. C'est une des acquisitions notables que la
géographie positive ait faites dans ces dernières années (1).

La classification des tribus de la Sibérie occidentale, rapportées comme à deux souches principales
à la race Samoïède et à celle que les Russes désignent sous le nom de Tartare (ce sont des Turks),
trouvera désormais une base solide dans les études
ethnographiques de M. Castrèn. Les peuplades qui
restent en dehors de cette classification définitive,
depuis la Léna jusqu'au détroit de Behring, ne sont
ni turques ni samoïèdes ; elles appartiennent à
d'autres familles et se partagent en groupes moins
étendus. Jusqu'à présent aussi elles ont été beaucoup moins étudiées. Mais ce qui donne aux premières un intérêt particulier, ce sont leurs rapports

(1) Ce que l'on connait jusqu'à présent des résultats scientifiques de l'expédition de l'Oural se trouve dans deux rapports
adressés par M Hofmann à la Société Géographique de Péters
bourg. Ces rapports sont écrits en russe ; ils ont été traduits dans
les *Nouvelles Annales des Voyages*.

d'origine, révélés par la communauté fondamentale des idiomes, avec des classes de peuples qui ont joué dans l'histoire un rôle considérable. En dehors des investigations du voyageur, ces grandes questions d'ethnographie asiatique ont attiré, depuis un certain temps, l'attention sérieuse de plusieurs savants du Nord. On a repris à fond l'étude comparée des langues mères du centre et du nord de l'Asie, le finnois, le turk, le mongol et le mandchou, et cette étude approfondie a conduit à des conclusions tout à fait inattendues. Dans un ouvrage publié en 1820 sous le titre de *Recherches sur les langues tartares*, Abel-Rémusat, un des plus célèbres orientalistes de l'école française, avait cru pouvoir établir que ces quatre grands idiomes qui occupent toute la zone moyenne de l'Asie, depuis l'Oural et la Caspienne jusqu'à l'Océan oriental, le finnois, le turk, le mongol et le mandchou, formaient quatre familles de langues parfaitement distinctes, sans aucun rapport entre elles, ni dans les mots, ni dans le génie intime, ni dans les formes grammaticales. Ce n'est donc pas sans quelque étonnement qu'en fouillant de nouveau et en soumettant à une analyse approfondie ces langues peu étudiées, on a vu apparaître de l'une à l'autre des rapports et des analogies qui avaient échappé à Rémusat, èt qu'on est arrivé à cette conclusion finale, largement appuyée de preuves irréfragables, que le mandchou, le mongol, le turk et le finnois, malgré les trèsgrandes différences qui les séparent en tant que lan-

gues parlées, comme l'allemand diffère de l'anglais
et le slave du grec, n'en reposent pas moins au fond
sur une base commune, et ne sont en définitive que
quatre branches séparées d'un même tronc. Un
philologue prussien, M. *Schott*, avait déjà depuis
longtemps fait pressentir cette conclusion, qu'un
autre savant allemand, M. *Rœdiger*, a reprise et
complétée dans un travail non publié encore, mais
que l'on dit fort remarquable, et qui a été couronné
en 1848 par l'Académie des inscriptions et belles-
lettres, dans le concours du prix Volney. Un travail particulier fort intéressant sur l'ensemble des
langues finnoises a aussi été publié en 1847, à
Helsingfors, en Finlande par M. *Kellgrèn*.

Ce n'est pas seulement au point de vue des études
linguistiques, quelque importantes que ces études
puissent être dans le cercle du savoir humain, que
ces travaux ont de la portée, et que je les ai mentionnés : c'est surtout par leurs rapports avec de
grandes questions historiques. Ainsi, pour n'en
citer qu'une, on peut maintenant s'expliquer d'une
manière toute naturelle les singulières affinités que
l'on a signalées, et qui ont été l'objet de tant d'hypothèses arbitraires entre les anciens Madjars ou
Hongrois et les Turks. Les questions d'origine ont
en histoire une si grande importance, que l'on ne
saurait refuser une attention sérieuse aux travaux
qui peuvent jeter de nouvelles lumières dans les
obscures profondeurs des anciens temps.

Parlerai-je du voyage qu'un jeune Hongrois,

M. *Regouly*, a fait il y a quelques années vers la patrie présumée des ancêtres de sa nation? Ce serait une curieuse histoire, et qui remonterait loin, que celle des longues pérégrinations que des Hongrois ont entreprises à diverses époques pour retrouver la patrie originaire de leurs aïeux les Madjars. On sait que les Huns-Madjars ne sont venus qu'au ixe siècle s'établir dans l'ancienne Dacie, qui était alors un pays slave, et que la plupart des autres peuples de l'Europe ont depuis nommée la Hongrie. Or, à cette époque, l'Europe orientale était encore enveloppée des ténèbres de la barbarie, et ce n'est que deux cents ans plus tard que les traditions déjà tronquées de ces déplacements de peuples furent recueillies par Nestor, le plus ancien chroniqueur des races slaves. Aussi reste-t-il dans son récit des lacunes et des incertitudes, que la critique des historiens hongrois a plutôt augmentées qu'éclaircies. On a cherché le site primitif des Madjars dans les vallées du Caucase, qui fut pour eux une station et non un point de départ; on s'est plu surtout à le transporter vers les lointains horizons du fond de l'Asie. Un Hongrois enthousiaste, dont le nom a eu parmi nous un certain retentissement, M. Csoma de Körös (1), conçut, il y a vingt ans, le projet d'aller chercher le berceau de sa nation dans les hautes régions de l'Himalaïa. Sans appui d'aucune sorte, car il n'avait fait part de son des-

_____

(1) Prononcez ce nom Tchoma de Keureuz

sein à personne, sans argent pour le voyage, sans
connaître le premier mot des langues de l'Orient,
M. Csoma ne s'en était pas moins mis en route avec
la ferme croyance du succès, confiant dans la Providence pour subvenir à ses faibles besoins de
chaque jour, et dans sa ferme volonté pour sur-
monter tous les obstacles. Après avoir vu l'Égypte,
parcouru la Mésopotamie, traversé la Perse, l'Afgha-
nistan et la Bactriane, il arriva en 1822 dans le
Tibet occidental, où il crut avoir atteint le but de
sa recherche. Son illusion, du moins, n'a pas été
inutile à la science; car elle nous a valu les premiers
travaux complets qui aient été donnés à l'Europe
sur la langue du Tibet. Mais la question de la
patrie originaire des Madjars n'avait rien à voir
dans ces investigations tibétaines. Mieux préparé
par de bonnes études antérieures, M. Régouly, en
1842, a directement porté ses recherches là où elles
pouvaient conduire à un résultat positif. C'est vers
les monts Oural, au milieu des populations finnoises de cette région et au centre même de l'Ougorie du moyen âge, que le voyageur est allé recher-
cher ce que les dialectes de ces populations, leurs
usages domestiques, leurs croyances, leurs légendes
et leurs traditions, peuvent avoir conservé d'analogies avec la langue nationale, les traditions, les
légendes et les usages de sa patrie. Remarquons que
le nom de l'*Ougorie*, dont celui de *Hongrie* s'est
formé, vit encore au pied de l'Oural dans le nom
des *Vogouls*, de même que celui d'une autre

peuplade voisine qui appartient aussi à la souche finnoise, les *Metchérièks*, garde dans sa forme slave la trace évidente de la dénomination de *Madjars*, portée par la migration finnoise du ix⁰ siècle dans les champs de l'ancienne Dacie (1). Quels que soient, au surplus, les résultats historiques des investigations de M. Régouly, qui se sont prolongées jusqu'en 1846, son très-long séjour parmi des peupiades intéressantes, à plus d'un titre, n'a pu manquer d'être fécond en informations utiles. Un autre grand centre ethnologique, le Caucase, a été depuis quelques années l'objet d'études et de publications suivies. Celles de M. *Fraehn* et de M. *Dorn*, à Saint-Pétersbourg, et de M. *Charles Defrémery*, en France, ont déjà mis en lumière d'abondants matériaux tirés de sources arabes et persanes. La domination russe sur cette région caspienne y aura marqué une ère importante pour l'histoire ancienne et la géographie.

V.

Si maintenant nous redescendons des froides régions du nord de l'Asie vers les douces et belles con-

(1) Il y a une intéressante notice sur M. Régouly et sur les commencements de son voyage, dans le t. IX (1845) du recueil très-important que publient à St-Pétersbourg deux membres de l'Académie Impériale, MM. Baer et Helmersen, sous le titre de Matériaux pour la connaissance de l'empire de Russie et des parties de l'Asie limitrophes (*Beiträge zur Kenntniss des russischen Reiches und der angranzenden Länder Asiens*, in-8°)

trées de l'Asie méridionale, nous nous retrouvons au milieu de recherches et de découvertes qui ont depuis dix ans en Europe un grand retentissement scientifique. Je veux parler de ces fouilles exécutées simultanément sur le site même et près des lieux où fut Ninive, par un de nos compatriotes, M. *Botta* (1), et par un voyageur anglais, M. *Layard*, et des merveilleux résultats que ces fouilles ont donnés. A cette exhumation du vieil empire d'Assyrie, dont les monuments, perdus, enfouis, oubliés depuis vingt-six siècles, sont tout à coup rendus à la lumière et viennent remplir les musées de Londres et de Paris, il faut joindre les investigations archéologiques poursuivies en différentes parties de la Perse et dans l'ancienne Médie par l'un des voyageurs les plus éminents de notre époque, le major *Rawlinson*, et celles d'un savant danois, M. *Westergaard*, qui s'est particulièrement appliqué, comme M. Rawlinson, à la recherche des inscriptions cunéiformes; il y faut joindre aussi les études de plusieurs de nos orientalistes d'Europe : en France, M. *Eugène Burnouf*, M. *Botta*, M. *de Saulcy*, M *Lowenstern;* en Allemagne, M. *Grotefend* et M. *Lassen ;* en Angleterre, M. *Hincks*, et surtout M. *Rawlinson* lui-même. Les efforts persévérants de tant d'hommes habiles pour pénétrer le mystère de ces vieilles inscriptions de la Médie, de la Perse et de l'Assyrie, dont il fallait tout à la fois

(1) M. Botta est d'origine italienne, mais naturalisé Français. C'est le fils de l'historien.

retrouver la langue et deviner les caractères, ont,
en grande partie, réussi à déchirer le voile qui semblait devoir nous en dérober à tout jamais la connaissance. Déjà une partie de ces inscriptions
se lit sans incertitude, et on est en bon chemin de
déchiffrer le reste. Dès à présent il est aisé de pré-
voir quelles précieuses données ces documents four-
niront à la géographie, à l'histoire et à la chronolo-
gie des antiques monarchies de l'Asie antérieure,
sur lesquelles Hérodote et ses successeurs, aussi bien
que les écrivains hébreux, ne nous ont transmis
que des informations incomplètes et souvent contra-
dictoires; mais pour apprécier toute la valeur de
ces découvertes, auxquelles chaque jour ajoute encore, il nous faut attendre que les investigations
actuellement poursuivies soient arrivées à leur
terme, et que les publications dont elles sont l'objet
soient achevées.

C'est un intérêt d'une autre nature qui s'attache
aux relations publiées depuis quelques années sur
la Palestine. Les voyages dans cette partie de l'O-
rient ont de tout temps été nombreux; mais les
explorations et les recherches scientifiques y ont
reçu de nos jours un élan très-remarquable. A cet
égard, quelques-unes de nos relations contemporaines laissent bien loin derrière elles les voyages
des trois derniers siècles, quoique plusieurs noms
parmi ces voyageurs anciens soient restés populaires.
Le plus célèbre de tous, et à juste titre, est celui
de Volney, il est bien peu d'hommes instruits,

même parmi ceux qui se sont le moins attachés à la littérature des voyages, qui n'aient lu celui-ci et n'en aient gardé une idée au moins générale de la Syrie et de ses populations. Ce n'est pas seulement à sa valeur scientifique, qui est réelle, que le livre de Volney doit son incontestable supériorité; sans aucun doute, il la doit plus encore à ses qualités littéraires, cette condition vitale des œuvres de l'esprit. Deux autres relations contemporaines, l'*Itinéraire* de M. de Chateaubriand et les *Souvenirs d'Orient* de M. de Lamartine, ont dû leur immense succès à la même cause, et d'une manière encore plus exclusive. Chateaubriand, Lamartine et Volney, voilà les trois sources où la grande majorité des lecteurs a puisé ce qu'elle sait des contrées du Liban et des campagnes d'Israël. Volney, nous le répétons, est à la fois excellent observateur, esprit élevé, bon écrivain et scrutateur savant. l'Itinéraire a de belles pages, et l'auteur des Souvenirs reproduit avec un rare bonheur, dans ses tableaux chaudement colorés, le ciel splendide et la riche nature de l'Orient : mais si l'on veut avoir des notions exactes sur l'aspect général et la nature du pays, sur le relief du sol, sur sa géographie, sur ses antiquités et ses populations, c'est actuellement à d'autres sources qu'il les faut demander. Comme il n'est que trop habituel, ce sont les plus précieuses qui sont les moins connues et les plus rarement consultées. Combien, parmi ceux qui liront ces lignes, connaissent les travaux *Seetzen*? et cependant

Seetzen est sous tous les rapports un des plus ex-
cellents voyageurs de notre époque. Mais ses relations, dont la science attend encore une publication
complète, sont écrites en allemand et répandues
dans des recueils peu accessibles (1). Ce n'en est
pas moins lui qui a exploré le premier les contrées
qui s'étendent au sud de Damas et à l'orient du
Jourdain, antiques domaines de Baschân, d'Am-
môn, de Moab et d'Edom, mentionnés si fréquemment dans la Bible, et qui étaient redevenus depuis
des siècles des terres inconnues. C'est l'Allemand
Seetzen qui, le premier aussi, a fait le tour complet et dressé la carte de la mer Morte, dont les anciens voyageurs n'avaient vu que l'extrémité
septentrionale, là où elle reçoit le Jourdain. L'Angleterre est fière de son voyageur *Lewis Burckhardt*, émule heureux et digne successeur de Seetzen dans l'exploration de la Judée transjordanienne;
elle pourrait s'enorgueillir à aussi juste titre des
travaux de *Buckingham*, injustement dépréciés
par des préventions étrangères à la science et par
l'influence des coteries puissantes. Il va sans dire
que ni les relations de Burckhardt, ni celle de
Buckingham, n'ont été traduites dans notre langue.
Les trois voyageurs que je viens de rappeler datent
déjà d'une époque assez éloignée (de 1804 à 1816);
mais il en est de beaucoup plus rapprochés de nous

____

(1) *Monatliche Correspondenz herausgegeben vom Freyh.* v. Zach
(Correspondance mensuelle éditée par le Baron de Zach); *Fund-
gruben des Orients* (Mines de l'Orient), etc.

qui sont aussi très-remarquables. Deux savants missionnaires américains , MM. *Ely Smith* et *Edward
Robinson*, ont repris à fond , il y a treize ans (en 1838),
l'exploration de l'ancienne Judée, dans le but spé-
cial d'étudier sur le terrain même la topographie
des livres saints ; et l'on ne saurait voir sans étonnement la richesse prodigieuse des résultats que l'un
des voyageurs, M. Robinson, a consignés dans une
volumineuse relation (1). Depuis lors seulement on
peut construire pour la géographie biblique des
cartes dont le détail sera désormais appuyé sur une
correspondance bien constatée entre les noms anciens et le local actuel.

C'est aussi depuis le même temps que ceux des
voyageurs qui aiment à faire tourner leurs courses
au profit de la science, se sont appliqués aux observations propres à faire connaître la hauteur des
lieux au-dessus du niveau de la mer, et conséquem-
ment à indiquer l'élévation des montagnes, la dépression des vallées, le niveau des plaines, en un
mot tous les traits essentiels qui constituent le relief du sol et la physionomie du pays. C'est là, sans
contredit, un des côtés les plus importants de la
géographie positive, et qui touche à toutes les considérations, à tous les besoins, à tous les problèmes
de l'histoire générale, de l'ethnographie, de l'é-

(1) Elle été imprimée simultanément en allemand (*Palæstina
und die sudliche angrenzenden Länder*, Halle, 1841) et en anglais
(*Biblical Researches in Palæstina*, London , 1841) , et elle forme
dans les deux éditions 3 forts volumes in-8 avec des cartes.
Voyez les *Nouvelles Annales des Voyages*, t. Ier de 1851.

conomie publique et du commerce. Les grands travaux de communication reposent sur des études analogues. Une entreprise de cette nature préoccupa vivement le parlement britannique en 1834 ; il s'agissait alors de cette grande question, plus d'une fois reprise et toujours ajournée, de la communication directe entre l'Europe et l'Inde par le fond de la Méditerranée. Une expédition fut organisée sous la direction d'un habile officier, le capitaine (aujourd'hui colonel) *Chesney*, dans le but d'étudier le nord de la Syrie et de reconnaître le cours de l'Euphrate, le projet étant de relier par un chemin de fer le fort d'Alexandrette et le fleuve, sur lequel on aurait établi un service régulier de bateaux à vapeur. Les résultats scientifiques de cette expédition furent très-importants, et ce qu'on en connaissait par des communications partielles en faisait désirer impatiemment la publication. Des causes que j'ignore l'ont retardée longtemps ; elle vient enfin d'être annoncée. Sur quatre volumes que la Relation doit comprendre, le colonel Chesney en a donné récemment deux au public (1). Je n'ai eu ces deux volumes que peu d'instants entre les mains, et je n'ai pu que les parcourir très-rapidement ; je ne crois cependant pas inutile de consigner ici l'im-

(1) The Expedition for the Survey of the Rivers Euphrates and Tigris, carried on by order of the British Government, in the years 1835, 1836, and 1837. With Fourteen Maps and Charts. By Lieut. Col. *Chesney*, Commander of the Expedition. By authority. London, Longman, 1850, 2 vol. gr. in-8 avec Atlas. (Vol. I et II.)

pression que j'en ai reçue, et une ou deux remarques qu'ils m'ont inspirées. Et d'abord ce n'est pas
sans quelque étonnement que je suis arrivé à la
dernière tête de chapitre du deuxième volume, sans
avoir encore trouvé le premier mot des travaux de
l'expédition. Ces deux volumes tout entiers, — et ce
ne sont pas de minces volumes, — sont consacrés à
une *Introduction*, où l'auteur, M. Chesney, paraît
avoir entrepris d'exposer et de discuter l'ancienne
histoire de la moitié occidentale de l'Asie. Encore
une fois, je ne suis pas à même d'exprimer une
opinion sur ce long travail, et je suis tout disposé à
y reconnaître une grande valeur scientifique ; mais
l'habile officier y aurait-il atteint ou dépassé la
science historique et philologique des hommes qui ont
consacré leur vie entière à cet ordre de travaux, il
me semble que ce n'était pas là qu'il aurait dû pla-
cer un ouvrage de cette étendue. L'auteur lui-même
aurait sûrement gagné à un autre mode de publication ; car bien des gens se seraient volontiers pro-
curé un livre dont, après tout, le sujet est d'un haut
intérêt, qui reculeront devant les 140 francs environ
que coûtent ces deux volumes. Cent quarante francs
pour une dissertation d'histoire ancienne, je ne sais
pas si en Angleterre la chose est naturelle ; mais
sur le continent, le chiffre paraîtra sans doute un peu
fort, quelque habitué que l'on soit au prix élevé des
livres anglais. Il y a dans cette observation, qu'on
veuille bien le croire, autre chose qu'une simple
question de ménage. Jusqu'à présent, les grandes

publications anglaises s'étaient distinguées par une sage réserve et un sentiment d'utilité pratique dont nous les verrions avec peine se départir. Que chez nous la spéculation éhontée d'un ou deux grands éditeurs, favorisés par les criants abus de la routine bureaucratique — abus auxquels le nouvel ordre de choses aura mis un terme, nous voulons le croire, — ait élevé à des taux fabuleux le prix des ouvrages publiés sous les *auspices* du gouvernement, et les ait ainsi mis hors de la portée de ceux-là même auxquels ils semblent le plus naturellement s'adresser, c'est là un état de choses que nous conseillons à l'Angleterre de ne pas nous envier, et où nous serions désolés de la voir entrer après nous. Trente ou quarante planches lithographiées, d'une exécution pour le moins médiocre, parfaitement inutiles à l'intelligence du texte et qui n'y ont même très-souvent qu'un rapport plus que douteux (1), forment un bagage de pacotille qui peut fournir à l'éditeur un prétexte pour tripler le prix du livre, mais qui n'ajoute pas un farthing à sa valeur réelle.

Un des chapitres les plus curieux de l'histoire géographique de la Syrie dans ces dix dernières années, est celui qui a eu pour objet l'étude de la mer Morte et du bassin du Jourdain. La longue et profonde vallée que le fleuve et la mer occupent, pareille à une énorme coupure pratiquée par la main des géants au milieu des terres élevées qui la

(1) Nous exceptons, bien entendu, les quatorze cartes géographiques qui composent un Atlas à part.

bordent et l'encaissent, forme un trait singulière-
ment remarquable dans la conformation du pays.
Les anciens voyageurs l'avaient à peine aperçu.
Seetzen, le premier, et après lui Burckhardt et
Buckingham, portèrent leurs reconnaissances de ce
côté. Grâce à eux, on eut une idée assez exacte de
la nature de la vallée du Jourdain et de sa conformation, ainsi que de la figure et de l'étendue de la
mer Morte. Mais c'est seulement dix-neuf ans plus
tard, — en 1837, — que l'on reconnut, en quelque
sorte par hasard, tant le fait était contraire à toutes
les idées reçues, que la mer Morte et le Jourdain
occupent le fond d'une énorme dépression du sol,
de telle sorte que cette grande nappe d'eau bitu-
mineuse, qu'un intervalle de vingt lieues seulement
sépare de la côte phénicienne, se trouve à 1,300
pieds environ *au-dessous* du niveau de la Méditerranée. C'est un phénomène de géographie naturelle
unique sur la surface du globe, et par lequel on se
rend compte maintenant de certains faits singuliers
de climatologie. Quelques physiciens avaient cru
pouvoir le rattacher à la catastrophe qui engloutit,
au temps d'Abraham, les villes maudites de Sodome
et de Gomorrhe ; mais des considérations tout à fait
péremptoires, tirées de la conformation du pays
environnant, ont anéanti cette hypothèse. Depuis
que la *dépression* de la mer Morte a été constatée
par les indications du baromètre, l'attention des
explorateurs s'est d'ailleurs préoccupée d'une manière toute spéciale de l'étude complète de cette

mer. A quatre reprises successives on en a tenté
l'exploration intérieure. Ces tentatives, qui appar-
tenaient toutes à des voyageurs anglais (1), n'avaient
surmonté qu'en partie les difficultés de toute sorte
que la nature et les Arabes opposent à une telle entreprise; plus heureux ou plus persévérant, un
officier de la marine américaine, le·lieutenant
Lynch, les a toutes vaincues. Une forte chaloupe a
parcouru en 1848 la mer Morte dans tous les sens;
les côtes en ont été relevées, et des lignes de sondes
jetées dans diverses directions ont fait connaître
la profondeur différente de ses diverses parties (2).
Cette expédition américaine, à laquelle on doit la
première bonne carte que nous ayons de la mer
Morte, et qui, pour la première fois aussi, nous a
fait connaître exactement le cours du Jourdain entre
le lac de Tabariyèh et Jéricho, est assurément une
des plus intéressantes de notre époque. Moins de
trois ans après le lieutenant Lynch, un membre de
l'Académie des Inscriptions, M. de Saulcy a aussi
visité tout le pourtour occidental de la mer Morte,
avec une portion de la plage du sud et du sud-est,
et a rapporté de ce voyage une moisson d'observations dont s'enrichiront bientôt la géographie, l'ar-
chéologie et l'histoire naturelle.

(1) La première, qui remonte à 1835, appartient à un Irlan-
dais nommé Costigan, qui y trouva la mort; les trois autres sont
celles de MM Moore et Beek (1837), du lieutenant Symonds
(1841), et enfin du lieutenant Molyneux (1847).

(2) Narrative of the U. S. Expedition to the River Jordan and
Dead Sea, by *W. F. Lynch.* Lond. 1849, in-8. Maps

VI.

Une autre région, qui confine à la Syrie, semble avoir été aussi l'objet d'une prédilection toute particulière dans ce vaste ensemble d'entreprises et d'explorations qui constitue l'histoire géographique de notre époque. Cette région est le haut bassin du Nil. L'Abyssinie et les autres contrées, telle que la Nubie, qu'arrosent les différentes rivières dont la réunion forme le fleuve d'Égypte, ont été visitées, à partir du xvie siècle, par de nombreux voyageurs dont plusieurs conservent encore une grande célébrité : — il nous suffit de rappeler le nom de l'Écossais Bruce, d'aventureuse mémoire ; mais dans aucun temps les voyages n'y avaient été aussi fréquents que de nos jours. Dans aucun temps surtout les investigations n'y avaient été aussi sérieusement approfondies, et n'avaient conduit à un aussi bel ensemble de notions positives, pour la géographie, les sciences naturelles, l'histoire physique du globe et l'ethnographie. Tous les mobiles qui poussent aux découvertes ont concouru à cette suite ininterrompue d'expéditions et d'études : les intérêts commerciaux, le zèle évangélique des missionnaires, l'amour des choses inconnues et la soif des explorations. Toutes les nations de l'Europe figurent dans cette glorieuse pléiade de voyageurs éminents. La France y est représentée par M. *Lefebvre*, par MM. *Ferret* et *Galinier*, par M. *Rochet d'Héricourt*, par M. *d'Arnaud*, M. *Trémaux* et les deux frères *d'Abbadie;* la savante Allemagne, par M. *Werne*, par le missionnaire *Krapf* et son compagnon *Isenberg*, par M. *Pallme*, M. *Muller*, M. *Ruppell*, M. *Russegger* et le Rev. *Knoblecher;* l'Angleterre, par M. *Harris*, M. *Johnstone*, M. *Parkyns*, et surtout par M. *Charles Beke*. La Russie même a envoyé dans ces contrées intérieures un de ses ingénieurs, M. *Kovalevski*, que le gouvernement égyptien chargea, en 1848, d'aller reconnaître les cantons aurifères de la haute Nubie, et qui a publié à Saint-Pétersbourg une relation étendue de son expédition. Je n'entreprendrai pas de présenter même un simple aperçu des recherches pleines d'intérêt et des découvertes de toute nature qu'on doit à ces nombreux voyageurs; un pareil tableau réclame plus de temps et d'espace que nous ne pourrions lui en consacrer ici.

D'autres parties encore de l'Afrique demanderaient une mention spéciale. Ce vaste continent aux populations incultes comme ses déserts, pressé de toutes parts et attaqué sans relâche, sur tous les points de son immense pourtour, par les efforts incessants des Européens, nous livre chaque jour quelques-uns des secrets qu'il a si longtemps dérobés à nos investigations. De savants explorateurs ne se lassent pas de fouiller la vallée du Nil et d'en interroger les monuments, où sont tracés en caractères mystérieux les fastes des dynasties pharaoniques. D'autres étudient les oasis voisins à l'ouest de la Basse-Égypte, et la région, riche en monuments, qui forma autrefois le royaume de Cyrène (1). Nos ingénieurs étendent leurs reconnaissances topographiques à l'orient de nos possessions africaines sur le pays où s'éleva Carthage, et qui est actuellement soumis au bey de Tunis (2). Dans notre propre colonie, les études scientifiques et les explorations marchent de front avec les travaux et les luttes de la colonisation ; et déjà une immense quantité de matériaux précieux, qui chaque jour s'augmente encore, sont entrés dans une vaste publication à laquelle on a donné le titre d'*Exploration scientifique de l'Algérie* (3). Dans nos possessions du Sénégal, des tentatives d'explorations intérieures ont été poussées à deux reprises, en 1843 et en 1846, par un actif et intelligent voyageur, M. *Anne Raffenel*, qui a notablement ajouté aux notions antérieures sur la haute région du

(1) *H Barth*, Wanderungen durch das Punische, und Kyrenaische Kustenland Berlin, 1849, in-8 — *B. Kolbe*, Forschungen auf dem Gebiete der lybschen Pentapolis Stuttgart, 1849, in-8. — Vattier de Bourville, Communications archéologiques a l'Académie des Inscriptions et Belles-Lettres 1848. — Bayle Saint John, *Adventures on the Libyan Desert* London, 1849, post 8 — *Five Views of the Oasis of Siwah, with a Map*. By the same. Lond. 1850, in-f°.

(2) Carte de la Régence de Tripoli, par MM *Prax* et *Renou* Paris, 1850. 1 feuille.

(3) Il en a paru jusqu'à ce jour une quinzaine de volumes, format grand in 8

fleuve (1). Les missionnaires, les résidents et les voyageurs anglais, ainsi que des officiers de notre propre croisière, ont donné fréquemment d'utiles documents sur d'autres points du littoral de cette région de l'Afrique, notamment sur Sierra Leone et sur quelques parties de la Guinée. Il y a surtout beaucoup de notions neuves dans une relation du pays de Dahomé publiée en 1847 par M. *John Duncan* (2). Les contrées peu connues de Loango et d'Angola ont été vues par un médecin allemand, qui a publié ses observations sur cette région rarement visitée (3) ; mais un recueil officiel qui paraît à Lisbonne peut ajouter d'utiles documents aux rares communications des voyageurs sur les colonies portugaises de l'Afrique australe (4).

VII.

Au nord de l'établissement britannique du Cap se sont élevées de nombreuses stations de missionnaires anglicans, sentinelles avancées de la civili-

(1) La relation du premier voyage de M. Raffenel a seule été publiée (*Voyage dans l'Afrique Occidentale* Paris, 1846, 1 vol. in-8 et Atlas). On n'a du second, jusqu'à présent, que quelques notices partielles

(2) *Travels in Western Africa, in 1845 and 1846.* Lond. 1847, 2 vol. in-8. Cette intéressante relation vient d'être tout récemment reimprimée.

(3) *Die Portugiesischen Besitzungen im S.-W.-Afrika; von G Tams, Dr Med* Hamburg, 1845, in-8°.

(4) *Annaes Maritimos e Coloniaes* Ce recueil se publie depuis 1841.

sation chrétienne dans ces contrées barbares habitées par des tribus de même race que les Hottentots. Nulle part la misérable vie de ces peuplades errantes, leurs habitudes, leurs mœurs, leur caractère et leurs croyances, n'ont été dépeints d'une manière plus complète, et avec une simplicité plus attachante, que dans les *Souvenirs* du Rév. *Robert Moffat* (1), un de ces hommes dévoués à la propagation de l'Évangile. L'extension progressive des établissements des missionnaires dans l'intérieur, et les reconnaissances que de temps à autre quelques-uns d'entre eux poussent en avant dans ces contrées presque désertes, reculent peu à peu la limite de nos connaissances sur ces vastes régions intérieures du sud de l'Afrique, où des espaces sept à huit fois grands comme la France sont encore absolument en blanc. Une de ces excursions plus étendues que les autres a amené en 1849 la découverte d'un grand lac et de tout un système d'eaux dont il est le centre (2). Cette découverte a excité un grand intérêt en Angleterre, et le Rév. *Livingstone*, à qui elle est due, a reçu une des deux médailles annuelles de la Société de géographie de Londres. La découverte du lac Ngami — c'est le nom que lui

(1) *Vingt-trois ans de séjour dans le sud de l'Afrique*, par R Moffat. Traduit de l'anglais Paris, 1846, in 8°.

(2) La relation sommaire du voyage, accompagnee d'une esquisse, est dans le t. XX du *Journal of the Geographical Society of London*. Le lac est situé entre le 20° et le 21° degié de latitude australe, a égale distance a peu pres (200 lieues environ) de la côte orientale et de la côte occidentale du continent

donnent les naturels — va peut-être marquer une époque capitale dans l'histoire géographique de l'Afrique australe.

D'autres découvertes très-importantes ont eu lieu récemment dans une autre partie de l'Afrique australe, et c'est encore à des missionnaires qu'elles sont dues. Au-dessus de Zanzibar en se portant vers le nord, non loin de la ville de Mombaz que les anciennes expéditions des Portugais sur ces plages orientales ont rendue célèbre, il s'est formé en 1843 une mission de l'Église anglicane. L'un des fondateurs de cette mission, le Rév. *Krapf*, était déjà connu par un long séjour en Abyssinie et par des travaux utiles à la science ; c'est un de ces hommes, si fréquents dans les anciennes missions françaises, en qui le zèle évangélique n'a pas étouffé le goût des fortes études et l'ardeur des découvertes. Dans sa nouvelle position à Mombaz, le Dr Krapf voyait s'ouvrir un nouveau champ d'investigations presque sans limites. Ces parages orientaux du sud de l'Afrique, défendus par un climat redoutable pour les Européens et par la réputation de férocité des peuples qui l'habitent, étaient restés jusqu'à présent une des régions du monde les plus complétement inconnues. Jamais aucun voyageur n'en a tenté les approches. M. Krapf, aidé du Rév. *Rebmann*, l'un de ses compagnons, a déjà montré que cette double appréhension était pour le moins fort exagérée. Après deux ou trois années données aux premiers labeurs de l'établissement, après s'être familiarisés avec les tribus voisines de Mombaz et avoir acquis l'usage de leurs idiomes, les deux missionnaires se hasardèrent à des excursions dans l'intérieur. Ces excursions se sont graduellement étendues, et de 1847 à 1849 elles sont devenues de véritables voyages. En même temps que les hommes de Dieu préparaient ainsi le champ où doit germer la Parole, des observations du plus haut intérêt étaient recueillies sur la géographie du pays et sur ses populations. A plusieurs journées de marche à l'ouest de la côte, on arrive à une région élevée que dominent des pics couronnés de neiges éternelles, ce qui leur suppose, dans cette région torride (3 ou 4 degrés au S. de l'équateur), une altitude au moins de 17 à 18,000 pieds. Plus à l'ouest encore, il est question de très-grands lacs d'où s'échappent des fleuves qui s'écoulent au nord (1). On se trouve ainsi ramené, après dix-sept cents ans d'intervalle, aux notions recueillies en Égypte après Alexandre sur les contrées centrales de l'Afrique, et consignées par Ptolémée dans sa Géographie. Un problème soulevé depuis vingt-cinq siècles, celui des sources du Nil, doit, selon toute probabilité, trouver sa solution dans cette haute région tropicale, et cette solution, tout annonce que c'est à notre époque qu'elle est réservée.

(1) Les journaux de MM. Krapf et Rebmann sont publiés dans un journal des Missions anglaises, le *Church Missionary Intelligencer*, 1849 et 1850. Les *Nouvelles Annales des Voyages* en donnent la traduction.

Nous la voyons, en effet, attaquée et poursuivie
de plusieurs côtés à la fois. L'expédition ordonnée
en 1849 par Mohammed-Ali a remonté le grand bras
du fleuve, — le Bahr el-Abiad, ou Nil Blanc, dont
le Nil Bleu ou Bahr el-Azrek, qui vient du lac
Dembéa en Abyssinie, n'est qu'un affluent, — cette
expédition de 1849, dis-je, a remonté le cours principal du Nil jusqu'au 4ᵉ degré de latitude N., c'est-
à-dire plus de 150 lieues au delà de ce qu'on en
connaissait auparavant. Des barrages de rochers qui
ne sont recouverts qu'au temps des grandes eaux
l'ont empêchée de pousser plus avant vers les montagnes où naît le fleuve (1), et la mort du vice-roi
a seule fait ajourner une nouvelle expédition résolue
depuis longtemps. En 1848, un naturaliste hano-
vrien, le Dᵣ *Bialloblotzky*, avait entrepris de pénétrer, en partant de Zanzibar, jusqu'à cette haute région qui domine au sud l'Abyssinie. Il avait quitté
Londres muni de bons instruments d'observation,
et d'instructions soigneusement élaborées par le
Dᵣ Charles Beke; il était arrivé à Aden, avait
gagné la côte orientale de l'Afrique, et semblait ne

(1) La seule relation complète que l'on ait jusqu'à présent de
cette expédition de 1840 est celle d'un Allemand, M. Ferdinand
Werné, qui en faisait partie (*Expedition sur Entdeckung der
Quellen des Weissen Nil*, 1840-1841. Berlin, 1848, 1 vol. in-8°
avec une carte). Une relation manuscrite de M. *d'Arnaud*, ingé-
nieur français qui conduisait l'expédition, existe entre les mains
de M. Jomard, de l'Institut, avec un grand nombre de dessins
et de croquis géographiques ; et il est fort à regretter que les
circonstances n'aient pas jusqu'à présent permis de la mettre
au jour.

plus avoir devant lui d'obstacle sérieux, lorsque des motifs qui jusqu'à présent n'ont pas été bien expliqués l'ont décidé à abandonner sa mission et à revenir en Angleterre. Mais ce que n'a pu faire M. Bialloblotzky doit devenir de ce côté chaque jour plus facile, grâce aux communications aisées que MM. Krapf et Rebmann ont ouvertes entre la côte et l'intérieur ; et peut-être en ce moment quelque courageux explorateur a-t-il atteint déjà cette région inconnue qui recèle les sources du fleuve d'Égypte. Du moins nous paraît-il certain que c'est par là désormais que l'entreprise doit être résolument poursuivie, et qu'elle sera menée à terme. Un voyageur anglais, M. Francis Galton, était parti pour le Cap avec le projet de s'avancer jusqu'à la région des Alpes abyssines après avoir achevé l'exploration du grand lac découvert par M. Livingstone ; ne réussirait-il pas, comme nous le craignons, à exécuter ce vaste projet dans toute son étendue, il aurait fait assez pour sa gloire et pour la science s'il rapportait en Europe des notions positives sur une portion au moins de ces contrées presque absolument inconnues qui occupent tout l'intérieur de l'Afrique australe.

VIII.

Cette lutte acharnée du génie européen contre les difficultés et les périls qui défendent l'approche de certaines contrées du globe, avec ses succès divers, et ses péripéties trop souvent fatales, n'est-elle pas

pour nous un spectacle d'un réel et puissant intérêt, même en dehors de l'intérêt plus particulier
qui s'attache à l'extension des connaissances géographiques ? Sous ce rapport l'Afrique a été de tout
temps une région privilégiée. D'immenses déserts
de sables arides, qui s'étendent au sud de la Cyré-
naïque et de l'Atlas depuis la vallée du Nil jusqu'à
l'océan Occidental, l'ont toujours isolée du reste
du monde. Les anciens soupçonnèrent à peine l'exis-
tence de la moitié méridionale du continent, au sud
de l'équateur, et même dans le nord ils n'eurent que
de très-vagues notions sur les pays que le Sahara
sépare de la Barbarie. Les livres des auteurs musulmans, et surtout l'ouvrage du célèbre Léon, sur-
nommé l'Africain, donnèrent plus tard à l'Europe
une connaissance un peu plus exacte de la région
que d'après les Arabes nous nommons le Soudan ;
mais encore cette connaissance était bien impar-
faite, lorsqu'à la fin du dernier siècle une association qui se forma en Angleterre pour l'avancement des explorations africaines dirigea de ce côté
les efforts de plusieurs voyageurs pleins d'intelligence et d'énergie. Les noms de Hornemann et de
Mungo Park, qui appartiennent à cette époque,
rappellent des découvertes importantes. L'état d'a-
gitation où bientôt après l'Europe se trouva plon-
gée obligea de suspendre le cours de ces expéditions;
elles furent reprises après 1815, et poursuivies avec
une nouvelle ardeur. On reconnut le cours tout entier du Niger, dont l'embouchure avait été pendant

longtemps un thème pour les hypothèses et les dis-
cussions des géographes ; on pénétra par le nord
dans le cœur même du Soudan , et l'on y explora ,
du moins en partie, le pourtour d'une petite mer
intérieure que les indigènes nomment Tchad , véritable Caspienne vers laquelle affluent des rivières
considérables, et qui ne paraît pas avoir d'écoule-
ment extérieur. Comparées à ce qu'elles étaient il y
a un demi-siècle , nos cartes de la région nord de
l'Afrique se sont prodigieusement enrichies , sans
doute ; et pourtant que de lacunes encore ! Sans parler d'une multitude de vérifications de détail, de
vides à remplir entre les lignes reconnues, et surtout
de l'exploration du lac T'chad à compléter à l'est et
au sud, il y a , entre ce lac et la haute région du
Nil un espace de 3 à 400 lieues où nul Européen
n'a jamais pénétré. Et il faut ajouter que de toutes
les parties de l'Afrique encore inexplorées celle-ci
est indubitablement la plus importante à étudier ;
car c'est là, précisément, dans l'espace qui du lac
Tchad s'étend au S.-E. vers les contrées nouvelle-
ment reconnues par MM. Krapf et Rebmann , que
doit se trouver le nœud de toute la structure physique du continent africain. C'est là que les rivières
qui forment le Nil ont leur source ; là que se pro-
jettent les cimes neigeuses que les Arabes ont nom-
mées les montagnes de la Lune, Djébel al-Qâmar ;
là enfin que prennent naissance les lignes de partage, quelles qu'en soient la nature et la forme, qui
déterminent la pente opposée des grands systèmes

d'eaux de l'Afrique, vers la Méditerranée orientale, vers la mer des Indes, vers l'Atlantique ou vers la Caspienne du Soudan. De toutes les découvertes qui restent à faire pour compléter la connaissance du globe, celle-ci est sans comparaison la plus importante. Ce sera peut-être la plus difficile; mais aussi la grandeur des résultats doit rehausser encore la gloire de la réussite. Depuis dix ans plus d'un explorateur y a porté sa pensée; jusqu'à présent il n'a été donné à aucun de tenter sérieusement l'entreprise. Il y a deux ans, cependant (en décembre 1849), une expédition s'est organisée qui réunissait toutes les chances désirables. Cette expédition est entièrement scientifique; et sur les trois voyageurs dont elle se composait au début, deux au moins étaient déjà accoutumés au ciel d'Afrique par des courses antérieures. De ces trois voyageurs, l'un, M. *James Richardson*, était anglais : la mort vient de le frapper au moment où il touchait au lac Tchad; les deux autres, M. *Barth* et M. *Overweg*, sont des naturalistes allemands. Le projet des voyageurs était de pénétrer dans le Soudan par la côte Barbaresque, de se porter directement sur le Tchad pour en compléter l'exploration, puis, cette première tâche achevée, de gagner, s'il était possible, la région des sources du Nil, et de revenir en Europe par la Nubie et l'Égypte. Le plan était bien conçu, et rien n'avait été négligé pour en préparer la réussite, en même temps que pour rendre le voyage aussi riche que possible en observations positives sur la géographie, l'histoire naturelle et l'ethnologie. La mort de M. Richardson menace en ce moment d'interrompre brusquement l'expédition. La science aurait à le déplorer profondément; mais il est permis d'espérer encore que le gouvernement anglais, qui en avait eu, à ce qu'il paraît, la principale initiative, ne laissera pas inachevée une entreprise qui a déjà donné de très-intéressants résultants, et qui touchait au moment d'en obtenir de bien plus importants.

IX.

Parmi les grandes explorations continentales, qui, sans promettre à la science des résultats d'une importance aussi générale, doivent cependant conduire à des solutions depuis longtemps désirées, il faut mettre au premier rang celles que les Anglais poursuivent, avec leur persévérance accoutumée, dans l'intérieur de la Nouvelle-Hollande ou plutôt de l'*Australie*, selon la dénomination à la fois plus euphonique et plus juste que les Anglais ont adoptée. Il y a là aussi des espaces absolument inconnus de plusieurs centaines de lieues, et, dans ces vastes *desiderata*, des questions intéressantes à résoudre. L'Angleterre a vu paraître à ce sujet depuis quelques années plusieurs relations remarquables. En ce moment même, un naturaliste allemand, le Dr *Leichhardt*, qui a déjà fait, il y a six ans, une heureuse et belle exploration dans la partie N.-E.

du continent australien, est engagé dans les parties intérieures qu'il avait le projet de traverser dans toute leur étendue d'une côte à l'autre, ce que n'a fait jusqu'à présent aucun voyageur. De ce côté encore, on peut donc s'attendre prochainement à d'instructives et curieuses révélations (1).

X

Celles que des expéditions récentes ou actuelles nous ont données ou nous promettent sur d'autres parties du globe, pourraient être l'objet de nouvelles remarques. Nous pourrions rappeler la dernière expédition de l'infortuné *Dumont-d'Urville* dans les mers australes, expédition dont l'historique a maintenant vu le jour (2), mais dont les résultats scientifiques, et ils sont nombreux, sont encore en cours de publication; nous pourrions parler de l'expédition presque simultanée que le gouvernement américain a envoyée dans les mêmes régions sous le commandement du capitaine *Wilkes*, la première qui soit sortie des ports de l'Union dans un but purement scientifique (3); nous pourrions

(1) Le long silence du docteur Leichhardt a cependant inspiré a ses amis de vives inquiétudes, qu'une expédition envoyée dernièrement à sa recherche n'a pas dissipées.

(2) Voyage au Pôle Sud et dans l'Océanie, sur les corvettes *l'Astrolabe* et *la Zélée*, exécuté par ordre du Roi pendant les années 1837-1840, sous le commandement de M. *J. Dumont-d'Urville*. Paris, 1842-49, 10 vol. in 8°.

(3) Narrative of the United States' Exploring Expedition, du-

signaler bon nombre de résultats intéressants et de faits curieux fournis par d'autres expéditions de moindre importance et par une foule de voyages particuliers. Ceux que le gouvernement anglais a fait poursuivre de nos jours vers le pôle Nord, pour achever l'étude des mers Arctiques et compléter l'exploration des côtes boréales du nouveau continent, forment un curieux chapitre dans l'histoire si riche et si variée des explorations contemporaines; aujourd'hui l'intérêt s'en augmente encore de tout ce que le sort inconnu de sir James Franklin et de ses équipages, perdus depuis quatre ans au milieu des glaces de ces mers redoutables, excite en Angleterre de douloureuse anxiété.

L'intérieur même des deux continents américains, sans présenter le haut intérêt d'explorations géographiques et d'investigations ethnologiques qu'offrent plusieurs parties de l'Afrique et de l'Asie, où ces sortes de recherches se lient presque toujours à d'antiques souvenirs ou à de grands faits historiques, apportent néanmoins leur contingent de notions nouvelles dans ce grand ensemble dont nous esquissons un aperçu. Dans l'Amérique du Sud, l'honneur des travaux les plus importants appartient à des Français. Ceux de notre éminent naturaliste *Alcide d'Orbigny* ont pris dans la

ring the years 1838-1842. By *Ch. Wilkes*, Commander of the Expedition. Philadelphia, 1845, 5 vol. gr. in-8°. — Les publications scientifiques qui se rattachent à l'expédition ne sont pas encore entièrement terminées.

science le rang qui leur appartient, ainsi que les publications de M. *Auguste Saint-Hilaire* sur le Brésil (1); mais on connaît moins la très-importante relation de M. *Gay* sur le Chili, où viendrent se résumer une quantité prodigieuse de riches matériaux, laborieusement recueillis pendant un séjour de douze années (de 1831 à 1842), sur les Alpes chiliennes et dans le pays des Araucans (2). Un beau voyage d'exploration a été fait, il y a sept ans, par M. le comte de *Castelnau* dans les contrées intérieures de l'Amérique méridionale, qu'il a coupée sur deux grandes lignes, de Rio de Janeiro à Lima, en touchant au bassin supérieur du Paraguay et en traversant les provinces centrales du Pérou, puis de Lima au Para, en descendant le fleuve des Amazones. Malheureusement une partie des notes et des dessins de l'expédition a été perdue, à ce qu'il paraît, dans cette seconde portion du voyage. Cette perte est grande, assurément, et

(1) Les voyages de M. Auguste Saint Hilaire datent maintenant de près de trente années, mais les relations, divisées en parties distinctes, n'en ont été publiées qu'à des intervalles éloignés. Trois parties de sa relation ont paru jusqu'à présent; la dernière, qui est de 1847, est intitulée *Voyage aux sources du Rio de San Francisco et dans la province de Goyaz.* Paris, Arthus Bertrand. 2 vol. in-8°. L'auteur prépare une quatrième et dernière partie, qui formera pareillement 2 volumes.

(2) L'ouvrage de M. Gay se publie en espagnol aux frais du gouvernement chilien (*Historia fisica y politica de Chile, segun Documentos adquiridos en esta Republica durante doze años de residencia en ella.* Paris, 1844 et suiv., in-8°, et Atlas); mais l'intention de l'auteur est d'en donner aussi une édition française.

nous ne saurions dire jusqu'à quel point la lacune sera comblée, quant aux observations de géographie positive notamment, par le reste des notes de M. Castelnau et par ses souvenirs; dans tous les cas, on peut être assuré de trouver encore dans sa relation, dont la publication s'achève (1), outre un vif intérêt de narration, un riche ensemble d'études sur l'aspect général et la nature des pays visités, sur les populations de l'Amérique intérieure, et sur les curieuses antiquités du haut Pérou.

Dans l'Amérique du Nord, une longue suite de fouilles exécutées par deux antiquaires, MM. *Squier* et *Davis*, sous les tertres artificiels qui avoisinent l'Ohio et le Mississipi, ont donné des résultats d'une richesse infinie. Les découvertes de M. Squier et de son compagnon de travaux restituent en quelque sorte la vie sociale tout entière des tribus indiennes antérieurement à l'arrivée des Européens (2). C'est là un chapitre de l'histoire du monde ancien qui a bien aussi son intérêt philosophique. Mais un intérêt d'une autre sorte s'attache actuellement aux possessions occidentales de l'Union américaine, que la chaîne neigeuse des *Rocky Mountains* sépare des immenses savanes du Missis-

(1) Expédition dans les parties centrales de l'Amérique du Sud, de Rio de Janeiro à Lima, et de Lima au Para ; exécutée par ordre du gouvernement français pendant les années 1837 à 1843, sous la direction de M. *Francis de Castelnau*. Paris, 1850-51, in-8° (Histoire du voyage, 5 volumes).

(2) Ancient Monuments of the Mississipi Valley, comprising the results of extensive original Surveys and Explorations. By

sipi. C'est entre ces montagnes et le grand Océan que sont situées les vastes contrées de l'Orégon et de la Californie, l'une que des contestations de limites entre l'Angleterre et l'Union ont fait figurer naguère sur la scène politique (1), l'autre dont le nom seul exerce aujourd'hui sur les imaginations ébranlées la fascination qui s'attacha, dans le seizième siècle, au nom du mystérieux el-Dorado. Ce n'est certes pas pendant cette fièvre ardente qui pousse vers la Californie des flots d'immigrants, que nous en pouvons attendre des observations d'une nature scientifique ; mais après l'exploitation, viendra la colonisation, et c'est alors que cette grande région, presque absolument inconnue il y a dix ans, deviendra pour l'explorateur un vaste champ d'études sérieuses. Les seules que nous en ayons jusqu'à présent, nous les devons aux reconnaissances exécutées, de 1842 à 1844, par un habile officier du corps des ingénieurs américains, le capitaine *Fremont*, sur les deux versants des montagnes Rocheuses, depuis le haut Mississipi jusqu'à l'O-

E. G. Squier and *E. H. Davis*. New-York, 1848, 1 vol, gr in-4. Ce magnifique volume est orné d'un très-grand nombre de figures sur bois imprimées dans le texte.

(1) Ces négociations au sujet de la délimitation de l'Amérique anglaise du côté de l'Oregon ont été, il y a six ans, l'occasion d'une publication semi officielle pleine de renseignements précieux sur cette contrée et sur la côte Nord-Ouest de l'Amérique. Cet ouvrage a pour titre : The History of Oregon and California, and the other Territories of the N. W. Coast of North America. By *Robert Greenhow* New York and London, 1844, in 8.

réan (1), et, deux ans plus tard, à l'expédition américaine contre le nouveau Mexique, sous les ordres du général Kearny (2). Bien que ces rapides études, exécutées surtout au point de vue militaire, n'aient fait en quelque sorte que poser les premiers jalons d'une exploration complète, on leur doit déjà de très-utiles notions sur des pays que jusqu'alors les voyageurs européens avaient à peine entrevus. Une ligne continue de déterminations astronomiques, conduite depuis le haut

(1) Narrative of an Exploration of the Country lying between the Missouri River and the Rocky Mountains, in the Year 1842; by Capt. *J. C. Fremont* 1843. — Narrative of the Exploring Expedition to Oregon and North California, in the Years 1843-44 By the same 1845. — Geographical Memoir upon Upper California. By the same 1848. — Ces rapports tres-remarquables, riches de faits précis et d'observations positives, ont eté imprimés d'abord dans les documents parlementaires du congrès américain Les deux premiers morceaux ont été réunis plus tard en un volume publié a Londres, en 1846, sous le titre de *Narrative of the Exploring Expedition to the Rocky Mountains*, etc., in-8°. et le troisième reproduit dans un recueil in-8 relatif a la Californie, imprimé à New-York en 1849 chez Appleton (*Notes of Travel in California, .. from the official Reports of Col Fremont and Major Emory*).

(2) Notes of a Military Reconnoissance from Fort Leavenworth, in Missouri, to San Diego, in California. By Lieut. Col *W. H. Emory*. Washington, Parlementary Documents, 1848, in-8. — Report of Lieut. *J. W. Abert*, of his Examination of New Mexico, in the Years 1846-47. *Ibid* — Il faut joindre a ces documents la très-intéresante relation d'un médecin allemand qui accompagnait l'expédition américaine · Memoir of a Tour to Northern Mexico, connected with Colonel Doniphan's Expedition, in 1846 and 1847, by *A Wislizenus*. Washington, 1848, in-8.

Mississipi jusqu'à la côte occidentale, a déjà fixé le cadre dans lequel viendront se coordonner les reconnaissances ultérieures ; une chaîne également ininterrompue d'observations barométriques pour la détermination des *altitudes*, c'est-à-dire de la hauteur des points les plus remarquables au-dessus du niveau de l'Océan, permet de se former au moins une idée d'ensemble de la configuration du pays et des grandes ondulations qui en constituent le relief ; enfin le contact où les Américains de l'expédition du nouveau Mexique se sont trouvés avec les tribus indigènes, nous a valu aussi de curieux renseignements sur des populations que les écrivains espagnols connaissent à peine de nom, et sur des vestiges d'antiquités qui jettent une lumière tout à fait inattendue sur de vieilles traditions mexicaines (1). Tels sont pour la science les premiers fruits de l'extension de la race saxonne sur des contrées que les Espagnols ont possédées pendant plusieurs siècles sans même songer à y pousser leurs explorations.

(1) Le vénérable président de la Société Ethnologique de New-York, M. *Albert Gallatin*, dont la science déplore la perte récente, a réuni et commenté dans un savant et curieux mémoire, le dernier qui soit sorti de sa plume, les faits nouveaux, intéressants pour l'ethnologie et les antiquités, que les relations américaines du Nouveau-Mexique et de la Californie venaient de faire connaître. Ce travail se trouve dans le 2ᵉ volume des *Transactions of the American Ethnological Society* (New-York, 1849, in-8), et il a été traduit dans le cahier de septembre dernier (1851) des *Nouvelles Annales des Voyages*

XI.

C'est en effet une chose bien digne de remarque, que le rôle différent départi aux différentes races, ou que la même race a rempli aux diverses époques de l'histoire, dans les grands travaux de l'exploration du globe. Je ne fais qu'indiquer, ne pouvant l'aborder ici, ce côté considérable des annales de l'humanité, digne des méditations du penseur et de l'érudit. La question s'élève et s'agrandit dès que la pensée s'y arrête, et l'on s'aperçoit bientôt que le sujet touche par tous les points à l'histoire même de l'esprit humain et aux développements généraux de la civilisation. Dans les anciens temps, comme dans les temps modernes, tous les progrès accomplis dans la connaissance graduelle du monde habitable ont été l'œuvre d'une seule portion de la famille humaine, — de cette portion qui occupe la moitié occidentale de l'ancien continent, et que les ethnologues ont désignée sous la commune appellation de *races blanches* (1) ; de même que dans l'ordre intellectuel, dans l'ordre religieux et dans l'ordre moral, les plus grandes conquêtes de l'esprit humain lui appartiennent. Les nations de l'Asie orientale ont eu, elles aussi, leur civilisation propre ; mais cette civilisation s'est développée sur elle-même sans expansion extérieure, sans

(1) C'est le groupe *Hindo-Européen* de ceux qui ont classé le genre humain par grandes familles de langues.

action sur les destinées du monde, sans profit d'aucune sorte pour la perfectibilité générale de l'espèce. Les civilisations occidentales, au contraire, ont eu dans tous les âges une action directe, active et puissante sur la marche et les destinées intellectuelles du monde entier. L'extension des connaissances géographiques, et l'avancement de toutes les sciences qui s'y rattachent, n'ont été qu'un des modes d'action ou un des résultats de cette propension civilisatrice des nations occidentales ; et c'est en cela surtout, je le répète, que cette branche trop négligée des études historiques mérite une attention qu'on ne lui accorde pas chez nous généralement. Au-dessous de ce premier fait d'une si vaste portée, il y en a un second non moins remarquable : c'est le partage, ou plutôt l'attribution successive que la Providence semble avoir faite du grand rôle extérieur réservé aux races occidentales, entre les peuples du Midi et ceux du Nord. Aux premiers, le monde ancien jusqu'à la fin du moyen âge ; aux seconds, la direction du monde actuel. Ninive et Babylone, Memphis, Tyr et Jérusalem, Carthage, la Grèce et Rome, puis Venise et Gênes, et l'Espagne, et le Portugal, forment à travers les quarante premiers siècles de l'histoire une chaîne ininterrompue, dans laquelle se transmettent, sans en sortir jamais, le flambeau civilisateur en même temps que le sceptre politique, mais à partir du dix-septième siècle, tout change et se déplace. La puissance des nations

latines s'énerve, leur action extérieure s'affaiblit ;
et bientôt le rôle qui leur avait appartenu durant
tant de siècles passe tout entier, animé d'une séve
nouvelle, aux nations de la famille germanique.
La France, l'Angleterre, l'Allemagne, et enfin la
Russie, où le rameau slave s'est développé sous
l'influence vigoureuse de l'élément teuton, voilà
maintenant les regulateurs de la destinée du
monde, et les représentants de l'intelligence humaine dans sa plus noble et sa plus complète
expression. Ce n'est plus de la Méditerranée, ce
foyer lumineux du monde ancien, c'est de la
Baltique et des mers du Nord que rayonne aujourd'hui la pure et vive clarté dont Dieu illumine
les races privilégiées.

Cette immense révolution intellectuelle et politique, le plus grand fait des temps modernes et peut-
être des annales du monde entier, je ne l'ai rappelée
que pour signaler par un exemple éclatant la connexion intime qui a toujours existé entre la marche
des sciences géographiques et les phases principales
de l'histoire. Si nous récapitulons les faits nombreux
que j'ai concentrés dans ce travail, où j'ai voulu
montrer quels travaux se poursuivent en ce moment
sur tous les points du globe dans le but d'étendre
ou de perfectionner parmi nous la connaissance de
la terre et des peuples qui l'habitent, quelles nations voyons-nous figurer dans ce bilan de notre
activité scientifique? celles de la zone du Nord. Ce
sont d'abord les Anglais, dont les voyages innom-

brables et les incessantes explorations embrassent à la fois les continents et les mers, sans excepter un seul coin du globe; puis tout à côté d'eux, et presque sur la même ligne, c'est notre propre pays, c'est la France, qui peut s'enorgueillir aussi de nombreux et beaux travaux sur toutes les contrées du monde. C'est ensuite l'Allemagne, et particulièrement la Prusse, qui, depuis un demi-siècle, ont fourni des noms illustres à la liste des grands explorateurs; ce sont les Américains de l'Union, dont les études se sont longtemps concentrées sur leur propre territoire, mais qui ont voulu récemment prendre place parmi les nations exploratrices par des expéditions lointaines; c'est enfin la Russie, qui a largement payé sa dette scientifique par de fructueux voyages de circumnavigation, et dont les explorations nous rapportent chaque jour des informations précieuses sur les pays soumis à sa propre domination dans le nord de l'Asie et le nord-ouest de l'Amérique, ainsi que sur les contrées de l'Asie intérieure les plus difficilement accessibles pour les voyageurs des autres nations. Vous cherchez vainement dans cette liste un representant des nations du Midi, — des Italiens, des Espagnols, des Portugais, ces anciens rois de la terre : la vie n'est plus là. Et ce que nous disons des travaux d'exploration active, on peut le dire aussi des patients labeurs de l'érudition, dont les matériaux sont fournis presque toujours par les voyageurs. L'Italie, le Portugal et l'Espagne produisent sans doute encore çà et là quelques œuvres savantes ; mais ces ouvrages sont rares, à peine connus au delà des Alpes ou des Pyrénées, et sans influence aucune sur le mouvement de la science en Europe (1). C'est de Paris, c'est de Londres, c'est de Berlin, de Vienne et de Pétersbourg, que ce mouvement, aujourd'hui si actif et si fécond, reçoit son impulsion puissante et sa direction. Là maintenant est le foyer, là sont les artères de la vie intellectuelle de l'Europe et du monde.

J'ai voulu resserrer sous un point de vue dont l'œil et l'esprit puissent aisément embrasser l'ensemble, l'aperçu tout entier de cette activité scientifique de l'Europe, appliquée à l'exploration du globe et à l'étude des peuples ; mais dans ce tableau dont l'étendue est vaste et les groupes nombreux, forcé d'en indiquer seulement les contours et de n'en toucher que les sommités, je n'ai pu descendre à ces traits de détail qui animent chaque objet, en lui donnant le relief et la couleur. Heureux si à travers cette sécheresse difficilement évitable, on a pu entrevoir encore l'intérêt élevé de ces études, qui sont un des plus beaux fleurons de la couronne scientifique de notre époque.

(1) Il faut faire une exception pour les travaux archéologiques, qui ont continué de fleurir en Italie Cela devait être. L'Italie est, avec la Grèce, le pays des ruines et des vieux souvenirs classiques.